# LA MÉNAGERIE ALPHABÉTIQUE

Imp. de Lemercier, r. de Seine, 57 à Paris

19675

NOUVELLE

MÉNAGERIE ALPHABÉTIQUE.

# NOUVELLE MÉNAGERIE

ALPHABÉTIQUE

AVEC

EXERCICES MÉTHODIQUES

SUR

LES PRINCIPALES DIFFICULTES DE LA LECTURE.

PARIS,
AMÉDÉE BÉDELET, LIBRAIRE,
RUE DES GRANDS-AUGUSTINS, 20.

1851

A B C

D E F

G H I

J K L

1.

M N O

P Q R

S T U

V X Y Z

 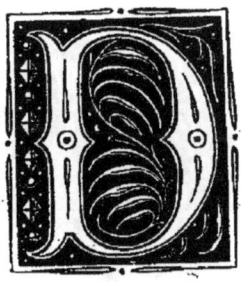

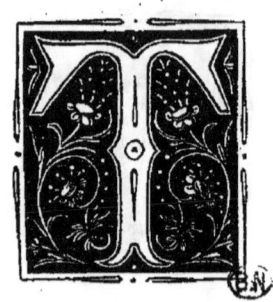

## ANE.

Cet animal n'est pas beau; sa voix, lorsqu'il brait, nous force à cacher nos oreilles. Mais il a en partage de bonnes qualités : il supporte avec patience les fardeaux dont on le charge; il se contente de quelques chardons pour sa nourriture. Lorsqu'il est mort, on fait avec sa peau les tambours dont vous aimez tant le bruit.

**MINUSCULES.**

—

a b c d e f

g h i j k l

m n o p q r

s t u v x y

z æ œ w

## BISON.

Cet animal est un bœuf d'Amérique. Dans ce pays, on l'emploie, comme notre bœuf, à trainer la charrue avec laquelle le laboureur prépare la terre qui produira le blé dont nous faisons le pain. Le Buffle est aussi un animal du même genre.

MAJUSCULES ANGLAISES.

## CHEVAL.

Tous les animaux qui demeurent près de l'homme et qui lui obéissent sont des animaux domestiques. Le cheval lui rend mille services : il porte les fardeaux, traîne les voitures et transporte les soldats à la guerre.

LETTRES MINUSCULES ANGLAISES.

*a b c d e f g*

*h i j k l m n*

*o p q r s t u*

*v x y z w &*

## DROMADAIRE.

Il vit en Afrique et en Asie. C'est un excellent animal domestique. En traversant les déserts, qui sont de grandes étendues de sables brûlants dépourvus d'arbres et de ruisseaux, le Dromadaire sait supporter patiemment la faim, la soif et la chaleur. Il donne aussi de bon lait comme nos vaches.

LETTRES DE RONDE.

—

a b c d e f g

h i j k l m

n o p q r s

t u v x y z

ae oe w

## ÉLAN.

Cet animal et le **Renne**, qui lui ressemble, vivent dans des pays froids où la terre est sans cesse couverte de glace, sur laquelle ils savent courir très-vite sans glisser. Le Renne est l'animal domestique de ces tristes pays.

# 1ᵉʳ EXERCICE.

### Voyelles.

**a, e, i, o, u, y.**

### Consonnes.

**b, c, d, f, g, h, j, k, l, m,
n, p, q, r, s, t, v, x, z.**

### Trois manières de prononcer E.

e muet.      é fermé.      è ouvert.

Leçon, parole. Bonté, Café. Père, Mère.

### Accents.

Aigu.   Grave.   Circonflexe sur **a e i o u.**

Eté; prière; âne, fête, gîte, trône, flûte.

## FAISAN.

Il y a un grand nombre de ces oiseaux dans nos forêts. On cherche à les saisir afin d'en faire un ornement pour les jardins et les volières. Leur chair a fort bon goût, et on les tue, hélas! les jolis oiseaux, pour les manger! Celui-ci est le Faisan doré; il y en a une autre jolie espèce, qui est le Faisan argenté.

## 2ᵉ EXERCICE.

**Syllabes.**

### A.

Ab-ba, ac-ca, ad-da, af-fa, ag-ga, ah-ha, aj-ja, ak-ka, al-la, am-ma, an-na, ap-pa, aq, ar-ra, as-sa, at-ta, av-va, ax-xa, az-za.

Plusieurs syllabes forment un MOT.

Pa-pa.   A-na-nas.

Plusieurs mots forment une PHRASE.

Pa-pa a-va-la l'a-na-nas d'A-nas-ta-se.

## GRAND DUC.

On appelle cet oiseau, et quelques autres qui lui ressemblent, oiseaux nocturnes, parce qu'ils ne voltigent que pendant la nuit. Tandis que tous les autres oiseaux dorment, ceux-ci sortent des vieilles murailles où ils demeurent, font la chasse aux souris, aux serpents, aux crapauds, et les mangent tout vivants.

## 3ᵉ EXERCICE.

### E.

Eb-be, ec-ce, ed-dè, ef-fê, eg-ge, eh-hé, ej-jè, ek-kê, el-le, em-mé, en-nè, ep-pê, eq, er-re, es-sé, et-tè, ev-vê, ex-xe, ez-ze.

Hé-lè-ne a é-té à la pê-che, el-le a bar-bo-té, sa mè-re en a é-té ex-cé-dée.

Sons identiques de E.

*Eu, œu, ent, ai, ei, et, est, er, ez.*

Al-bert, al-lez a-vec ma mè-re et ma sœur ; el-les ai-dent à pe-ser sei-ze bal-les de lai-ne.

## HYÈNE.

On croit généralement que la hyène est cruelle comme certains animaux que l'on appelle féroces, parce qu'ils mangent les autres animaux et même les hommes; mais quelques personnes assurent que l'on pourrait élever la hyène et la rendre utile comme le chien.

4ᵉ EXERCICE.

## I.

Ib-bi, ic-ci, id-di, if-fi, ig-gi, ih-hi, ij-ji, ik-ki, il-li, im-mi, in-ni, ip-pi, iq, ir-ri, is-si, it-ti, iv-vi, ix-xi, iz-zi.

Y a le son de I.

Y a-t-il i-ci la y-o-le d'Hen-ri?

Y a le son de deux I.

Le vo-y-a-geur a é-té ef-fra-y-é.

Sons identiques du son IN.

*Im, ein, eim, ain, aim.*

J'ai bien faim et je n'ai pas de pain ! — Viens, petit : ce panier est plein de mas-se-pains de Reims ; tu les aimes bien, hein ?

## JAGUAR, IBIS.

Voici le plus terrible des animaux féroces. Il court et bondit avec tant de vitesse, qu'il est bien difficile de lui échapper. Mais rassurez-vous, petits enfants, il n'y a point de jaguars ni de tigres dans notre pays.

L'Ibis est un oiseau fort utile parce qu'il détruit les serpents.

## 5ᵉ EXERCICE.

### O.

Ob-bo, oc-co, od-do, of-fo, og-go, oh-ho, oj-jo, ok-ko, ol-lo, om-mo, on-no, op-po, oq, or-ro, os-so, ot-to, ov-vo, ox-xo, oz-zo.

Le jo-li jo-ko d'Oc-ta-ve est mort à No-vo-go-rod.

#### Sons identiques de O.

*Au, eau, eaux, os.*

Paul, res-tez en re-pos; ne sau-tez pas; n'al-lez pas au bord de l'eau. Je vais là-haut fer-mer les ri-deaux du ber-ceau de vo-tre sœur Lau-re, elle dort.

## KÉMAS.

Le bon Dieu a créé une si prodigieuse quantité de plantes, d'arbres et d'animaux pour notre utilité et l'ornement du monde, qu'il est difficile de parvenir à les connaître tous. Je ne pourrai rien vous apprendre sur ce singulier animal.

## 6ᵉ EXERCICE.

### U.

Ub-bu, uc-cu, ud-du, uf-fu, ug-gu, uh-hu, uj-ju, uk-ku, ul-lu, um-mu, un-nu, up-pu, uq, ur-ru, us-su, ut-tu, uv-vu, ux-xu, uz-zu.

Ur-su-le est une pe-ti-te hur-lu-ber-lu.

## 7ᵉ EXERCICE.

*Voyelles doubles ou diphthongues.*

Ai, ia, au, an, ei, ie, eu, ieu, en, ien, ian, io, oi, ion, oin, ou, oui, ui, iun, un, uin.

Di-eu est bon : il a soin de pour-voir à tous nos be-soins ; viens, re-mer-cions-le. — Oui, et so-yons tou-jours ex-ac-ts à le louer aux jours où il l'a lui-même com-man-dé.

## LION.

Le Lion est un animal féroce ; cependant on raconte plusieurs belles histoires de lions devenus doux et caressants envers des hommes qui avaient pris soin de panser et de guérir leurs blessures. Pour connaître aussi ces choses extraordinaires, apprenez bien vite à lire.

## 8ᵉ EXERCICE.

Consonnes doubles.

*bl.   br.   cl.   cr.   fr.   gr.   gl.*
Blé, bras, clou, crin, frac, grain, gland.

*pl.   pr.   st.   tr.   vr.*
Plat, prix, stuc, trou, vrai.

Le pau-vre Fran-cis a pleu-ré et cri-é en vo-yant ses fleurs flé-tries par la gros-se pluie ; il en a plan-té d'au-tres à l'a-bri du grand pru-nier.

*ch.   gn.   ll.*
Chou, grognon, fille.

Le chat cher-che une souris, mais la gen-ti-ll-e bête a ga-gné son trou : elle y est bien ca-chée. Mi-non foui-ll-e du bout de sa pat-te, ses yeux bri-ll-ent de fu-reur. N'ap-pro-che pas, Ca-mi-ll-e, il t'é-gra-ti-gne-rait.

## MOUTON.

Voici maintenant le plus paisible de nos animaux domestiques. Au mois de juin on coupera la laine qui couvre leur corps, on la filera et l'on vous en fera des habits et de chaudes couvertures pour l'hiver; puis, lorsqu'ils seront gras, on les tuera, les pauvres moutons, pour vous servir de nourriture.

## 9ᵉ EXERCICE.

Ph, son identique de F.

Phi-la-del-phe, em-mè-ne Fi-dèle, et va au pha-re a vec Eu-phé-mie. Vous y ver-rez un pho-que : c'est un animal am-phi-bie.

Th, son identique de T.

Thé-o-phi-le, ter-mi-ne ton thè-me, en-sui-te nous prendrons le thé.

## 10ᵉ EXERCICE.

C prononcé comme *ss* avant E, I.

Cé-ci-le, fai-tes ce-ci, c'est un e-xer-ci-ce u-ti-le et né-ces-sai-re. Et vous, Al-ci-de, ces-sez de vous ba-lan-cer et de faire des gri-ma-ces.

## NANDOU.

Il ressemble à l'autruche, ce grand oiseau qui fournit les belles plumes que vous admirez sur les chapeaux des dames. Ces oiseaux ne volent pas, mais ils courent si vite, que le meilleur cheval a de la peine à les atteindre.

## 11ᵉ EXERCICE.

C, prononcé SS, avant *a*, *o*, *u*, par l'addition d'une cédille.

Ça, ço, çu, çou, çon.

Ce pe-tit gar-çon tou-chait sans ces-se mon poin-çon : je m'en a-per-çus et je le for-çai de le lais-ser; mais il le re-prit et se perça la main.

C est dur devant *a*, *o*, *u*.

La cui-si-niè-re fe-ra cui-re du ca-ca-o pour Co-ra-lie, et du cho-co-lat pour Cons-tan-ce.

Sons identiques de C dur.

Pé-ki di-sait qu'-un coq était dans le kios-que ; j'ai cru en-ten-dre : u-ne co-quet-te est dans le kios-que, ce-la a fait un qui-pro-quo.

## OURS.

L'ours est compris parmi les animaux carnassiers, c'est-à-dire ceux qui se nourrissent de chair crue. L'ours blanc des mers glacées est également dangereux pour l'homme, mais il se nourrit surtout de poissons qu'il sait pêcher adroitement sous les glaçons.

## 12ᵉ EXERCICE.

G est dur devant *a, o, u*.

J'ai ga-gné à la lo-te-rie une gar-ni-tu-re de gui-pu-re, un go-be-let d'ar-gent guil-lo-ché et une guir-lan-de de mu-guet.

G, son identique de J par l'addition d'un *e* devant *a, o, u*.

*Gea, geo, geu.*

J'ai fait une ga-geure : si Geof-froy perd, il me don-ne-ra ses jo-lis pi-geons rou-geâ-tres; s'il ga-gne, il aura mon geai avec la cage et la man-geoi-re de cristal.

T prononcé *ss* entre deux voyelles.

L'en-fant sage, qui a a-va-lé sa po-t-ion, au-ra ré-cré-a-t-ion ; le pa-res-seux re-ce-vra une pu-ni-t-ion et n'au-ra pas de prix à la dis-tri-bu-t-ion.

## PYRÉNÉES (chien des)[1].

Les Pyrénées sont de hautes montagnes dont le sommet est en tout temps couvert de neige. Quelquefois cette neige est soulevée par des vents très-violents : elle voltige et retombe sur les chemins en si grande quantité, que les voyageurs en sont aveuglés; ils ne peuvent continuer leur route; le froid engourdit leurs membres et ils demeurent ensevelis dans la neige qui s'amasse autour d'eux.

Au milieu de ces montagnes on a bâti des hospices où demeurent de bons religieux : lorsque le vent s'élève et gronde, ces hommes charitables sortent, suivis de chiens semblables à celui que je viens de vous montrer. Ces animaux intelligents savent découvrir parmi la neige le pauvre voyageur égaré ; en grattant avec leurs pattes, ils découvrent son corps, et appellent, par leurs aboiements, les bons religieux qui viennent lui prodiguer leurs soins.

## QUEUE BLANCHE (aigle).

L'aigle est un oiseau de proie, ce qui signifie qu'il se nourrit de chair. Avec ses fortes pattes, appelées serres, il enlève aisément des lapins, des agneaux, qu'il porte à ses petits, sur les hautes montagnes, dans le creux des rochers où il fait son nid.

## LES JOURS DE LA SEMAINE.

Lundi, Mardi, Mercredi, Jeudi,
Vendredi, Samedi, Dimanche.

## LES MOIS DE L'ANNÉE.

Janvier, Février, Mars,
Avril, Mai, Juin,
Juillet, Août, Septembre,
Octobre, Novembre, Décembre.

## LES SAISONS.

Le Printemps, L'Été,
L'Automne, L'Hiver.

## RHINOCÉROS.

Il semble, n'est-ce pas, que ce gros animal, si lourd et si laid, doive être aussi très-méchant? Eh bien! non : il ne se nourrit que d'herbages et d'écorces, et n'attaque jamais les hommes. Il n'est guère ennemi que de l'éléphant, seul animal assez fort pour combattre contre lui.

## DIVISION DE L'UNIVERS.

L'on entend par le mot *univers* toute la création, l'air, la terre et l'eau, c'est-à-dire tout ce que nous devons comprendre quand nous disons que Dieu a créé le monde.

Le monde se divise en cinq parties, qui sont l'*Europe*, l'*Asie*, l'*Afrique*, l'*Amérique* et l'*Océanie*.

Chaque partie du monde contient un grand nombre de pays; la France, qui est le nôtre, parce que nous y sommes nés et que nous l'habitons, est située au milieu de l'Europe.

## SANGLIER.

Vous avez vu, dans nos fermes, le sale, glouton, paresseux et stupide animal qu'on appelle le cochon? Le sanglier est un cochon sauvage, et possède à peu près les mêmes défauts que notre cochon domestique. Il vit dans les bois et ne devient dangereux que lorsqu'il est attaqué. Le poil de ces animaux sert à faire des brosses.

## LES CRIS DES ANIMAUX.

Le Chien aboie.
Le Cochon grogne.
Le Cheval hennit.
Le Taureau beugle.
L'Ane brait.
Le Chat miaule.
L'Agneau bêle.
Le Lion rugit.
Le Renard glapit.
Le Moineau pépie.

Le Corbeau croasse.
La Grenouille coasse.
La Tourterelle gémit.
Le Pigeon roucoule.
Le Rossignol ramage.
Le Coq chante.
La Poule glousse.
La Pie babille.
Le Serpent siffle.
Le Loup hurle.

## TAUREAU.

Il y a des pays où, les jours de fête, on amène dans un grand espace, comme l'Hippodrome, un de ces gros animaux : des hommes à cheval le poursuivent, l'excitent par des cris et des attaques de toutes sortes. Rendu furieux, le taureau tue les chevaux, renverse les hommes, et tombe enfin épuisé de fatigue et de rage. Quel spectacle cruel !

# CHIFFRES.

| Arabes. | | Romains. |
|---|---|---|
| 1 | Un | I |
| 2 | Deux | II |
| 3 | Trois | III |
| 4 | Quatre | IV |
| 5 | Cinq | V |
| 6 | Six | VI |
| 7 | Sept | VII |
| 8 | Huit | VIII |
| 9 | Neuf | IX |
| 10 | Dix | X |
| 20 | Vingt | XX |
| 30 | Trente | XXX |
| 40 | Quarante | XL |
| 50 | Cinquante | L |
| 60 | Soixante | LX |
| 70 | Soixante-dix | LXX |
| 80 | Quatre-vingts | LXXX |
| 90 | Quatre-vingt-dix | XC |
| 100 | Cent | C |
| 500 | Cinq cents | D |
| 1000 | Mille | M |

## URSON.

Il y a un animal appelé porc-épic dont le corps est couvert de dards pointus et durs comme des épées. Pour se défendre, il dresse ces dards, et ceux qui l'approchent en sont blessés. L'urson offre quelque ressemblance avec le porc-épic.

# LA CIGALE ET LA FOURMI,

### FABLE.

La Cigale, ayant chanté
    Tout l'été,
Se trouva fort dépourvue
Quand la bise fut venue :
Pas un seul petit morceau
De mouche ou de vermisseau.
Elle alla crier famine
Chez la Fourmi sa voisine,
La priant de lui prêter
Quelque grain pour subsister
Jusqu'à la saison nouvelle.
« Je vous paîrai, lui dit-elle,
Avant l'août, foi d'animal,
Intérêt et principal. »
La fourmi n'est point prêteuse :
C'est là son moindre défaut.
« Que faisiez-vous au temps chaud ? »
Dit-elle à son emprunteuse.
« Nuit et jour à tout venant
Je chantais, ne vous déplaise.
— Vous chantiez ! j'en suis fort aise,
Eh bien, dansez maintenant. »

## VACHE.

La voici, cette bonne servante nourricière; grâce à elle, ce soir nous aurons en abondance du lait, du beurre et des fromages. Et, pour toutes les richesses qu'elle nous donne, elle ne demande, elle, que de brouter paisiblement l'herbe de nos prairies.

# LE CORBEAU ET LE RENARD,

### FABLE.

Maître Corbeau, sur un arbre perché,
    Tenait dans son bec un fromage
Maître Renard, par l'odeur alléché,
    Lui tint à peu près ce langage :
    « Hé ! bonjour, monsieur du Corbeau !
Que vous êtes joli, que vous me semblez beau !
    Sans mentir, si votre ramage
    Se rapporte à votre plumage,
Vous êtes le phénix des hôtes de ces bois. »
A ces mots le Corbeau ne se sent pas de joie ;
    Et, pour montrer sa belle voix,
Il ouvre un large bec, laisse tomber sa proie.
Le Renard s'en saisit, et dit : « Mon bon monsieur,
    Apprenez que tout flatteur
    Vit aux dépens de celui qui l'écoute :
Cette leçon vaut bien un fromage, sans doute. »
    Le Corbeau, honteux et confus,
Jura, mais un peu tard, qu'on ne l'y prendrait plus.

## XOLO.

Notre coq domestique, avec sa double crête, ses yeux brillants, sa queue qui retombe en panache, est, à mon avis, bien plus beau que ce coq étranger. Et vous, petits amis, vous préférez surtout les poulettes qui vous procurent les bons œufs frais.

## PRIÈRES.

Chaque matin et chaque soir nous devons adresser notre prière au bon Dieu. C'est à la fois un devoir et un plaisir, car n'est-il pas bien doux de penser qu'il nous est permis d'appeler NOTRE PÈRE le Créateur de l'univers!...

## YACOU.

Cet oiseau d'Amérique est joli; moins cependant que l'oiseau-royal, appelé ainsi sans doute à cause de l'aigrette riche et coquette qu'il porte sur la tête comme celui-ci. Il vole peu et court très-vite.

## L'ORAISON DOMINICALE.

AU NOM DU PÈRE, DU FILS ET DU SAINT-ESPRIT.

Notre Père, qui êtes dans les Cieux, que votre nom soit sanctifié; que votre règne arrive; que votre volonté soit faite en la terre comme au ciel; donnez-nous aujourd'hui notre pain quotidien; pardonnez-nous nos offenses comme nous pardonnons à ceux qui nous ont offensés; ne nous laissez point succomber à la tentation; mais délivrez-nous du mal.

Ainsi soit-il.

## ZÈBRE.

Il vit en Afrique. Il tient un peu de l'âne par la forme de ses oreilles et de la crinière; aussi le nomme-t-on souvent âne rayé. Il a aussi l'élégance du cheval, mais il est d'un naturel indocile et ne rend que fort peu de services.

# EXTRAIT DU CATALOGUE.

### BIBLE DU JEUNE AGE.

Histoire de l'Ancien et du Nouveau Testament abrégée d'après la traduction de M.<sup>r</sup> DE GENOUDE, par ELISABETH MULLER, ouvrage approuvé par Monseigneur l'Archevêque de Paris.

1 vol. grand in-18, illustré de vignettes sur bois et de gravures sur acier.

Prix : cart. élégant, couvert. chrom.   4 fr.  »
— Figures coloriées, cartonné...   5   »
— Reliure en toile mosaïque, tranche dorée, en sus, 1 fr.

---

### BIBLIOTHÈQUE DU PREMIER AGE,
### 14 VOLUMES IN-16.

Prix de chaque vol. carton. fig. noires, 1 fr. 50. — Fig. coloriées, 2 fr. 25.

- **Petit Bazar en images.**
- **Jeux de la poupée.**
- **Livre des petits garçons.**
- **Contes des fées.**
- **Robinson des enfants.**
- **Gulliver des enfants.**
- **Petite Histoire-Sainte.**
- **Les premières Leçons.**
- **Aventures de dame Trotte.**
- **Tribulations de la mère Goody.**
- **Choix de Fables de la Fontaine.**
- **Les Animaux industrieux.**
- **Fridolin**, historiette.
- **Fables de Florian.**

---

### LIVRES DE PREMIÈRES LECTURES ILLUSTRÉS.

**Les Jeux de l'Enfance.** 1 vol. grand in-12, 18 gravures.

**Conversations amicales** sur le caractère des animaux. 1 vol. grand in-12, 18 gravures.

**Soldats et Marins.** 1 vol. grand in-12, 18 gravures.

Prix de chaque vol. en noir, cart. élégant. 1 fr. 40
Figures coloriées, couverture en chromolithographie

Plusieurs ouvrages du même genre sont sous presse.

Paris. — Typ. SCHNEIDER, rue d'Erfurth

# LIBRAIRIE D'AMÉDÉE BÉDELET,
### RUE DES GRANDS-AUGUSTINS, 20, A PARIS

## NOUVELLES PUBLICATIONS.

### LES MILLE ET UNE NUITS,
#### CONTES CHOISIS,

Aladdin, Ali Baba, Ali Cogia, abrégés et revus pour les enfants. 1 volume petit in-8°, illustré de 12 lithographies.

### A LA GRACE DE DIEU ou LES ORPHELINS DE SAVOIE,

Nouvelle pour le jeune âge. 1 vol. petit in-8°, illustré de gravures.

| | | |
|---|---|---|
| *Prix de chacun de ces deux ouvrages.* | Fig. noires, cartonné avec une riche couverture en chromolithographie............ | 2 80 |
| | Fig. coloriées. id................. | 4 » |

### LES AVENTURES DE DAME TROTTE,

Traduction libre et imitation de l'anglais, par E. Houx-Marc. 1 vol. in-16, illustré de 16 gravures sur bois.

### LES TRIBULATIONS DE LA MÈRE GOODY.

Traduction libre et imitation de l'anglais, par E. Houx-Marc. 1 vol. in-16, illustré de 14 gravures.

### LES PREMIÈRES LEÇONS,

Nouveaux exercices méthodiques de lecture, suivis d'historiettes, instructions religieuses, prières, fables, etc. 1 vol. in-16, illustré de 24 lithographies.

| | | |
|---|---|---|
| *Prix de chacun de ces trois ouvrages faisant partie de la Bibliothèque du premier âge.* | Fig. noires, cartonné richement. | 1 50 |
| | Fig. coloriées, cartonné très-richement............ | 2 25 |

### NOUVEL ALPHABET DES JEUNES NATURALISTES,

Exercices méthodiques de lecture, 25 gravures sur bois. 1 vol. petit in-8°.

| | | |
|---|---|---|
| PRIX : cartonnage riche, figures noires.................. | | 1 40 |
| — — figures coloriées.................. | | 2 » |

# BIBLIOTHÈQUE DU PREMIER AGE

## CHOIX
## D'OUVRAGES VARIÉS, INSTRUCTIFS ET AMUSANTS

MIS A LA PORTÉE DES ENFANTS.

### 16 volumes grand in-16.

Chaque volume, imprimé avec luxe sur beau papier grand raisin vélin, illustré d'un GRAND NOMBRE DE GRAVURES, est *cartonné* très-élégamment avec une riche couverture. Tous les cartonnages sont couverts d'une enveloppe imprimée.

Prix, avec les gravures COLORIÉES, cartonné.. **2 fr. 25**
— avec les gravures en NOIR, cartonné... **I 50**

**Petit Bazar en Images**, ALPHABET composé de gravures représentant les objets les plus familiers aux jeunes enfants, avec exercices de lecture gradués.

**Jeux de la Poupée**, avec texte explicatif mêlé de Dialogues, de Contes, Historiettes, etc.

**Les premières Leçons**, alphabet représenté par 75 sujets gravés, avec exercices sur les principales difficultés de la lecture.

**Livre des petits garçons**, chasses, pêches, marines et combats.

**Les Contes des Fées de Charles Perrault**, revus et corrigés spécialement pour les enfants.

**Choix de fables de la Fontaine**, illustrées, à l'instar de Grandville, par de charmantes gravures.

**Petit Magasin des enfants**, extrait de l'ouvrage de madame Leprince de Beaumont, contenant : le prince Chéri, les Trois Souhaits, la Belle et la Bête, etc.

**Les Tribulations de la mère Goody**, traduction libre et imitation de l'anglais, par E. HOUX-MARC.

**Aventures de dame Trotte et de sa chatte**, traduction libre et imitation de l'anglais, par E. HOUX-MARC.

**Les Mémorables fredaines d'un Singe**, histoire plaisante, traduction libre et imitation de l'anglais, par E. HOUX-MARC.

**Robinson des enfants**, aventures les plus curieuses de Robinson Crusoé, racontées par un père à ses enfants.

**Gulliver des enfants**, aventures les plus curieuses de ce voyageur, extraites de l'ouvrage de SWIFT.

**Jeux et exercices des petites filles**, représentés par des gravures, accompagnées d'un texte explicatif.

**Promenades des Jeunes enfants au Jardin des Plantes**, avec explications instructives sur tout ce que renferme cet établissement.

**Galerie des animaux industrieux**, Recueil d'anecdotes nouvelles et de notices curieuses sur l'instinct, les mœurs et la sagacité des animaux.

**Fridolin**, historiette tirée de SCHILLER, illustrée de gravures, d'après les dessins de RETZTCH, et de vignettes dans le texte.

# OUVRAGES DIVERS.

**Les Rois de France.** 66 portraits gravés, avec notices, tirés des galeries historiques de Versailles. 1 vol grand in-8°.
    Prix : broché.................................................................... 10 »
    — reliure toile t. dorée, riche plaque................ 4 »
    — belle demi-reliure, maroq. à nerfs, par Niedrée..... 5 »

**Six Gravures de piété**, gravées au burin, sur acier, d'après des dessins nouveaux. Ces six gravures, destinées à orner les livres de prières, se vendent, en noir, chacune........................................ » 25
    — coloriées avec soin, genre aquarelle............ » 50
    — en noir, entourage or et couleurs............... » 50
    — coloriées, avec entourage or et couleurs........ » 75

**Berquin illustré, l'Ami des enfants et des adolescents.** 1 beau vol grand in-8°, orné d'un grand nombre de gravures sur bois et de lithographies à deux teintes.
    Prix, relié en percaline angl., riches dorures t. dorée............ 13

**Le Magasin des enfants**, par madame LEPRINCE DE BEAUMONT, précédé d'une introduction et augmenté de plusieurs contes, par madame E. FOA. 1 beau vol. grand in-8°, illustré d'un grand nombre de gravures sur bois et de lithographies.
    Prix : relié en percaline, toile, t. d., riches dorures............... 13 »

**La découverte de l'Amérique de Campe**, traduction nouvelle, par CH. DE SAINT-MAURICE. 1 beau vol. in-8°, illustré de 120 vignettes sur bois. — Prix : relié en percaline........................ 10 »

**Le Bon Génie des Enfants et le Bon Génie de la Jeunesse**, par M. D'ÉPAGNY. 2 vol. in-8°, se vendant séparément, chacun, relié en toile t. jaspée.............................................. 4 »

**Les Jeunes Industriels**, par MISS EDGEWORTH, traduit de l'anglais par mesdames BELLOC et MONTGOLFIER. 8 volumes in-18.
    Prix : broché....................................................................... 12 »

**Le Livre de la Jeune Femme chrétienne.** 1 beau vol. petit in-8°, papier vélin glacé.
    Prix : broché....................................................................... 4 »
    — — orné de 4 lithographies........................ 5 »

## LES PRINCIPAUX MONUMENTS FUNÉRAIRES

### DU PÈRE LACHAISE, DE MONTMARTRE,
### DU MONTPARNASSE ET AUTRES CIMETIÈRES DE PARIS,

Dessinés et mesurés par Rousseau, architecte, et lithographiés par Lasalle; accompagnés d'une description succincte du monument, et d'une notice historique sur le personnage qu'il renferme, par Marty.

1 Fort volume grand in-4°, composé de 84 planches et notices, d'une vue et d'un plan général du Père Lachaise. Prix, broché... 45 »

---

## ESSAI SUR LA LIBERTÉ, L'ÉGALITÉ ET LA FRATERNITÉ,

Considérées au point de vue chrétien, social et personnel, par madame L. DE CHALLIÉ (née Jussieu).

1 Vol. in-8°. Prix, broché. . . . . . . . . . . . . . . . 4 »

---

### SOUS PRESSE,
*Pour paraître en Mars 1850 :*

## LA BIBLE DU JEUNE AGE,
### ABRÉGÉ DE L'ANCIEN ET DU NOUVEAU TESTAMENT,

Par ÉLISABETH MÜLLER,

1 Volume petit in-8°, illustré de 12 gravures sur acier à deux teintes et d'un grand nombre de vignettes sur bois.